JN436597

오늘의문학 시인선 388

풀의 합성

강헌규 시집

오늘의문학사

국립중앙도서관 출판시도서목록(CIP)

풀의 함성 : 강헌규 시집 / 지은이: 강헌규. -- 대전 : 오늘의문학사, 2017
p. ; cm. -- (오늘의문학시인선 ; 388)

ISBN 978-89-5669-805-2 03810 : ₩9000

한국 현대시[韓國現代詩]

811.7-KDC6
895.715-DDC23 CIP2017006239

풀의 함성

강헌규 시집

군말

나는 외람되게도 내가 디오니소스(Dionysos)형일까, 아폴론(Apollon)형일까를 가끔 생각해 왔습니다. 둘 다 예술 또는 예술가의 유형이라면, 애초에 예술가가 안 / 못 되는 사람에게는 논의의 대상이 아닙니다.

그러나 모든 사람의 마음속에 구성 비율의 차이는 있을 수 있어도, 양자가 함께 존재함을 부인할 수 없을 것입니다. 마음속에 돈 키호테(Don Quixote)를 안 품어 본 햄릿(Hamlet)형의 사람이 없을 게고, 행동 후에 햄릿을 돌아보지 않은 돈 키호테형의 사람은 없을 것입니다. 그러면 나는요? 여기 실은 소품들은 이상과 같은 나의 의문에 대한 메아리입니다.

나는 분수도 모르고 학문이라는 것이 좋아 평생을 매달렸고, 시라는 것도 몰래 써서 살짝살짝 얼굴을 내밀어 왔습니다. 학구(學究)로서 노력의 열매들을 몰라주는 것에 대하여는 서운해 하면서도, 속으로만 불태워 온 디오니소스적 · 돈 키호테적 마음의 결정(結晶)은 누가 알까 두려워하기도 하였습니다. 그래도 부끄러운 마음을 누르고 이 소품을 세상에 내놓습니다. 이를 위해 애써 주신 리헌석 사백(詞伯)께 진심으로 고마운 마음을 드립니다. 아울러 창간 40돌을 맞는 『문학사랑』의 무궁한 발전을 기원합니다.

2017. 3.
강 헌 규

| 차 례 |

1부 초심(初心)이 그리워

차 례

2부 나뭇잎 손수건

3부 약속은 하지 말아요

4부 너를 어떻게 부르지

1부

초심(初心)이 그리워

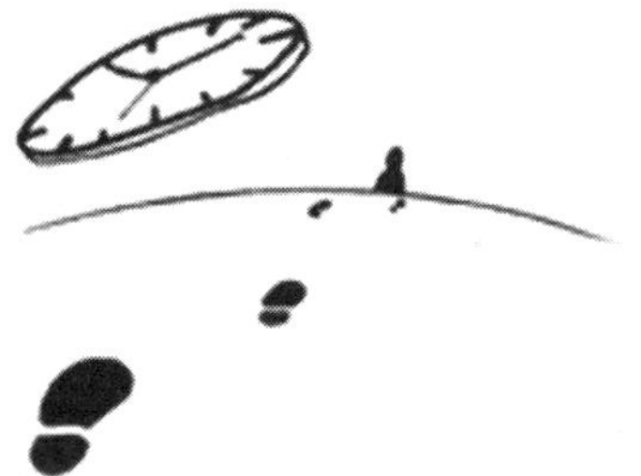

여권(旅券)

이민국 직원들은
나보다 너를
더 나라고 믿는다.
그럼 너 혼자 다니렴.

아주 나쁜 사람들은
너를 일벗어
내 얼굴만 쫓아내고
저라고 한다더라.

네 속에 숨고 싶은
나를 꺼내어
어설픈 품속에 감추다가도
내가 나임을 보이라기에
눈웃음으로 가슴을 헤집어
너를 찾는다.

안도(安堵)의 촉감을 반색하면서
나는 묻는다.
'네가 나냐?'
'내가 너냐?'

해는 저물고

해가 지고 있네.
열 점, 길어야 스무 점 남았네.
그것도 기약은 없다네.
지나온 많은 세월들은
도둑고양이 문틈 사이로
지나간 것 같았네.

공연히 마음만 부산한
까닭을 나 모르겠네.
만나보고 싶은 이는
첫사랑만이 아닌데
할 일은 처녑에 뭐 쌓인 듯한데
도무지 두서를 모르겠네.

한번 가서는 돌아오지 못할 길을
앙탈부리지 말고 가야 하지만
내 한 잔 술 마다 말고
내게 줄 한 잔 술 있거든 지금 여기서 주게나.
마음 졸이던 세상사(世上事)
모두 헛되고 헛된 일임을 나 모르는 바는 아니네.

살아 이승에서 만나요

꼭 만나고 싶지 않아도
만날 수 있을 때
우리 꼭 만나야 함은,
꼭 만나고 싶어도
살아생전엔
만날 수 없을 때가
곧 다가오기 때문입니다.

이승에서 만나지 않으면
저승에서 만나지 못한답니다.
그림자끼리 만나듯
저승에서 만난다 한들
그게 우리에게 무슨 의미가 있나요.
거꾸로 산다 해도
이승이 더 좋지 않아요?

우체부의 꿈

찬란한 꿈의 싹을 키워가던 시절의 앨범을 뒤적였습니다.
나의 꿈은 우체부가 되는 것이었습니다.
그 큰 가죽가방에 소식을 가득 넣고 와서
골골 샅샅이 찾아 대문 앞 혹은 사립 앞에 서서
오뉴월의 '찬물샘' 물같이 시원한 소식을
주인에게 꼭 쥐어 주고도
생색 한번 안 내고 총총히 돌아가는
착한 우체부가 나의 꿈이었습니다.
한동안 잊고 살아온 어린 날의 꿈이었습니다.

세상에 어찌 밝은 소식만 있겠어요?
궂은 소식이라고 전하지 않아도 되겠어요?
머슴 살다 병정 간 투박한 청년의
애절한 전사 소식도,
가을일 끝내고 강원도로 돈 벌러 간 상득이
소양강 댐 공사에 떨어져 죽었다는 소식도
소식은 소식이었습니다.
아이고, 지난 봄에 시집 온 새댁은 어떡햐.

허영의 무지개를 좇아 내닫기만 한
풋살구 같은 젊은 날이었습니다.
북국으로, 서양으로, 남양으로,
신대륙으로 내달아 보았습니다.
꿈을 잊고 꿈을 찾아 두리번거리고 다녔습니다.
이제 쇠잔(衰殘)한 몸으로 돌아와
일신의 섭생(攝生)이나 걱정하는 자리에 서서
살아갈 날이 살아온 날보다 많지 않음을 한하면서도
착한 우체부가 되겠다는
어린 날의 무지갯빛 철없는 꿈을 다시 심습니다.

공지사항(公知事項)

나를 사랑하던 분들은
내가 알게 모르게 다 돌아갔소.
미욱한 나 사랑하다
사랑 병이 들어 돌아갔지요.

나를 몰래 미워하던 이들은
내가 안 날로부터
시름시름 앓더니 죽고
더러는 갑자기도 죽었습니다.
미움 병이 들어 죽었지요.

나를 사랑하면 당신은 돌아갑니다.
나를 몰래라도 미워하면
내가 안 날로부터 머지않아
당신은 틀림없이 죽습니다.
내 마음에서도 죽습니다.
공지사항입니다.

나를 사랑함도 미워함도
다 버린 이야

버리는 것까지 다 버린 이야
내가 알 바 아니지요.
나 또한 그 질긴 업보로
죽어야 할 몸이니까요.

됴ᄒᆞᆫ(善)사람도 모딘(惡) 사람도
모두 사랑해야 하나요?
둘 다 미워해야 하나요?
다 나 몰라라 해야 하나요?
천년만년을 사시겠다고요?

초심(初心)이 그리워

한 시대의 아픔을 온통
도급 받은 듯이 앓던 그대
나이 들어서는
언제 그랬더냐,
저만의 부귀영화에 허우적거림은
그땐 철이 없어 그랬나요?
오늘의 고관대작을 위한
다만 발판이었나요?

그대의 아픔에
연민으로 뛰어든
오진(誤診)의 순수가 겪는
배반의 통증을,
거오(倨傲)에 들뜬 너희들이
눈치나 챘겠는가?
조강지처의 마음을.

포도청 목구멍 탓으로
그땐 뜨뜻미지근했던 촌부자(村夫子)
오늘 겨우

허기를 모면한 계단에 서서
회색의 구름 아래 서성거림은
그제나 이제나
일구월심(日久月深)
한 마음에서다.

블랙홀 이야기

나 오늘 문득 110억 년을 살고 싶다.
과학자 친구의 말을 듣고서다.
오래 살고 싶어서가 아니다.
우주의 수명이 150억 년인데
이제 40억 년 살았으니
110억 년 뒤엔 블랙홀로 빨려 들어가
우주에는 지구도 없어지고
지구란 말도 없어진다니
그 기막힌 광경을 보고 싶어서다.

세상의 그 잘났다고 싸우는 사람들
유명 도서관의 그 훌륭한 장서들
컴퓨터에 깊이깊이 내장되어
천재 중의 천재도 해킹이 어림없었던 천고의 비밀들
화려하기만 한 수사(修辭)로 가득 찬 묘비명
여기저기 기지(基地)마다 쌓아 놓은 핵무기
개발 중인 핵무기
생전의 부귀영화도 부족하여
사후의 영화마저 욕심내어
몇 천 년 된 미라

방부 처리하여 깊이깊이 간직해 둔 시신들
왕릉처럼 거창한 권력가들의 무덤들.

그 강력하고도 화려한
블랙홀 속으로 빨려 들어가는
통쾌한 모습을 보면서
베토벤의《운명》을 들으면서
잘나지 않은 나도 빨려 들어가고 싶다.
결코 오래 살고 싶어서가 아니다.
하늘과 땅이 한 열흘 맷돌질이나 하라는
배 아파서 하는 방자는 아니다.
나, 기껏 한 점 반 혹은 두 점 더 살 텐데
블랙홀의 실현은 우주의 산수(算數) 단위
블랙홀로 빨려드는 그때
나 꼭 하고 싶은 말이 있다.
루게릭병의 호킹 당신은 옳았어.
그 불편한 몸으로도 세상에 빌붙지 않고
참으로 용케 잘 참았어.

불효(不孝) 지팡이

연만(年滿)하신 어머니께
지팡이를 만들어 드리겠다고 했네.
불초(不肖)도 자식을 키워 보아
이제는 철이 든 양하여서였네.

어머니의 말씀
"아들은 어미에게
지팡이를 해 주는 것이 아니라네.
이 사람아, 아들 자네가 바로 내 지팡이라네."

나는 속으로 펑펑 울었다.
머리에 서리가 허옇게 내려서도
이제까지 지팡이도 못 되어 드린
불효가 죄만(罪萬)스러워서였네.

어머니 산으로 모시는 날에
아속한 해로가(薤露歌) 뒤를 따라
오동나무 지팡이는 내가 짚고
효도를 내세워 구복(口腹)을 좇았네.

여우 이야기

어린 시절 내 고향집 앞집 친구 아버지
사람들이 좀 얌심맞다고 하는 동네 아저씨
고향의 여수골 골짜기 여우굴에서
어미가 자리를 비운 사이 꺼내온
여우 새끼, 새끼 여우 여섯 마리
내일 한밭장에 갖다 판다는 날 달 밝은 밤에
기가 막히게 알고 찾아와
뒷동산에서 애끓는 울음을 우는
어미 여우, 여우 어미의 울음소리
까까머리 어린 나에게도
눈물 나는 가슴을, 또 바늘로 찌르는 소리였다.
어른들은 차마 못할 짓이라고 수군거리는데
앞집 아저씨는 그 천둥벌거숭이 새끼 여우를
장에 갖다 팔고 왔다.
그날 밤도 달은 밝은데, 어미 여우는
뒷동산에 와서 피울음을 울고 있었다.

놓친 고기가 커

벼 베기 전 논바닥을 말리기 위해
봇도랑 물을 뺐던 때였던가,
가뭄 끝이었던가,
봇도랑에 물이 자작자작했다.
기차역 대합실 좌석처럼 칸막이를 높이하여
막고 품기 시작하였다
두어 바가지만 퍼내면 된다.
이제 저 고기를
주워 담기만 하면 된다.

어떤 놈은 물 따라 내려와
물 퍼내는 웅덩이에 안기면서
퍼내는 물바가지에 담겨 나가려는
흉물어사도 있다.
어떤 놈은 물을 거슬러 올라가
필사의 탈출을 시도하기도 하고
어떤 놈은 이예 옆으로 벌렁 누워
'날 잡아 잡수우' 하기도 하고
은빛 비늘을 반짝이며 입을 뻐끔거리기도 한다.

메기와 뱀장어는 검은 등과 흰 배를
반반씩 보이다가
진흙 속으로 파고 든다.

아니, 저기 산처럼 봇도랑 물이 달려 내려온다.
막았던 둑이 힘없이 무너졌다.
요동치던 팔뚝만한 메기, 뱀장어, 붕어, 딸치
모두 안아 덮어 버린다.
고기를 잡아넣었던 그릇도 다 엎어버렸다.
더 급한 것은 풀섶을 더위잡고
기어올라야 하는 어린 나 자신이었다.

주말 농장

해몽보다 화려한 꿈이었다.
하소연할 곳도 바이없는
배부른 홍정의 고단한 계륵(鷄肋)
말이 주말(週末)이지, 누가 꾀더냐, 밀더냐.

서늘한 그늘을 좇자 하니
봄날에 씨 뿌린 첫사랑이 울고
땀방울의 호미 날을 생각하자니
이웃의 화려한 영화가 웃는다.

핏줄인들 하고 한 날 귀엽기만 하리야
잔약한 백수가 봉두난발의 농투성이
스스로 흉물어사라 집에 둔 금송아지
호랑이 새끼 칠 풀숲을 미워할까 말까.

키워봤자 메추라기라지만 너는 나의 금지옥엽
밤이슬 속 잘 자거라 멧돝 고라니 조심하고
산그림자 재촉에 너희를 두고 나는 간다.
이랑에 춤추는 어린 것들로 시름을 잊다가도.

주말 농사 유감

몸살에 늦손자를 돌보는 마음으로
아내는 씨 뿌리고 거두기를 즐겨한다.
나는 잡초를 뽑고 두둑 만들기를 좋아한다.
아내의 웃음은 안아 가 드릴 분의 미소
상추, 아욱, 부추, 강낭콩, 오이, 가지, 고추
옹졸한 내 속은 운다. 당신은 효녀여, 효녀여.
나는 받들어 올릴 두 분이 다 안 계신 불효란다.

지하의 부모님이 보신다면

가난과 고생은
생전의 우리만으로도 흡족했다네.
젊어서 하는 고생도 아닌데
그럼 백발에 연습으로나
그 고생을 사서 하는 건가, 이 사람아
그러다가 길들면 낭패라네.
입에서 쓴 내 나는 고생으로 공부시켰음은
자네만 호강시키려 함이 아니었네.
더구나 우리의 영화를 위해서도 아니었다네.
고대광실에서
호의호식하고 싶어서도 아니었다네.

바람에 흔들리는 나뭇잎만으로도
철렁하는 가슴의 한을 풀려함도 아니었다네.
하늘을 나는 새도 떨어뜨리는 권세야,
아무나 누리는 것이 아님을 모르는
농투성이 우리 내외는 아니었다네.
개천에서 용 난다는 말은
가련한 이에게 힘을 주려는,
입에 발린 헛소리라네.

왕대밭에 왕대 나는 법도 모르지는 않고
하늘이 낸 사람은
아녀자가 낳은 사람과는 다른 줄도 안다네.
아버지는 보통학교만이라도 나오고
어미인 나는 '가이갸' 뒷다리만 알았어도
그리 답답하게 살지는 않았을 테지만
아범이야 나라님 덕으로
배울 만큼 배우지 않았는가.

다만 바라기는 새끼들하고
내외 금슬 좋이 삭신 아픈 데 없이
구순하게 사는 것이라네 .
그게 땅속에 있는
우리에게도 효도하는 거라네.
헛욕심 부리지 말고
남한테 손가락질 받지 말고
한가하다고 신세 볶지 말고
넉넉하게 살게나.
늘품성 있게 살게나.

이 아비 어미도 공부라고
편한 것이 아닌 줄은 알았다네.
살아보니 별거 아니고
거기에 잠깐인 게 인생이더라네.
사대삭신 육천 마디
안 아픈 날 다 빼고는
참으로 잠깐인 게 인생이더라네.

그래도 이 불초는 궁거운 게 또 있습니다.
폭양 아래 땀범벅 · 흙투성이가 되어
말이, '주말농장' 밭고랑에서 김매는 불초를 보시고
지하의 부모님은 또 어떤 걱정을 하셨습니까?

업보

지나온 세월이
부끄러워 두려워
소리 내 참회(懺悔)는 못 하고
그저 업보다 업보다만 되뇐다.

사랑하는 그에게 닥친 업보나
내게 내린 업보가
다 인연이라면 어쩌노?
우매한 중생이옵니다.
자비를 베푸소서.

부처님은 알고 계실 테니
말해 무엇 하랴.
자비를 베푸소서.
복 주십사 말은 못하고
자비를 베푸소서.

나를 다독이는 말

겁내지 말고
두려워 말고 나아가 봐.
넘어져 무릎에 생채기 나면
싸매고 또 나아가야지.
나아간 만큼
가야 할 길이 줄어드는 것
힘을 내야지 힘을 내
겁내지 말고
두려워 말고.

여기서 주저앉기는
저기 따라와 등을 미는
걸어온 길이 무섭지 않은가.
달려갈 수 없으면
걸어가는 것이지
멈추지 말고
걸어 나아가는 것이지 뭐.

가다가 지치면
기어서라도 가는 것이지 .

겁내지 말고
두려워 말고
배밀이하여서라도
나아가는 것이지 뭐.
기왕 나선 나그넷길 아닌가?
돌아갈 텐가?

갈림길

아직도 길을 가다가 보면
갈랫길에서 멈칫거립니다.

젊은 날
자욱한 안개 속에서
바짓가랑이에 풀이슬 적시며 걷던
갈랫길에 섰습니다.

이 나이에도 길을 모르겠습니다.
이젠 물을 사람도 없습니다.

모두 내게 와서
묻기 때문만은 아닙니다.

나도 이곳이
초행의 이방인이어서만도 아닙니다.

내가 어디로 가야 할지 모르니
누구에게 길을 묻겠어요.

눈 딱 감고 왼쪽 길로 들어섰습니다.
소도 보고 말도 보았습니다.

갈랫길을 마다하여
성층권을 맴돌아
바장이기도 하였습니다.

한사코 마다하고 길을 달리하여 간
그녀의 소식이 궁금합니다.

그이를 먼저 보내고 살고 있다는
그녀의 코 높이가 궁금합니다.

이제 참으로 두려운 것은
저 질기고 질긴
업보의 끈임을 알았습니다.

어느 여인의 이야기

그이는 가위를 들고
나는 막둥이를 데리고 나섰다.
저기 산밭 울타리에 넝쿨장미 세 송이.

꺾어 든 한 송이 그이에게 줄까?
눈치 빤한 아들이 걸리네.
"아들아, 사랑해. 힘 내."

또 한 송이는 꺾어
"여보 사랑해. 힘 내."
"막내가 보고 있었어."
세상이 더욱 환했다.

나머지 한 송이는 꺾어
'여인이여! 힘들지? 사랑해. 힘내.'
속으로만 뇌다가
'소리 내어 내 귀를 울려라.
심장까지 다닫도록.'

"여인이여! 요즈음 힘들지? 사랑해. 힘내."
메아리쳐 오는 소리에
셋이 다
"그래, 사랑해 나도."

부부싸움과 첫사랑

아내의 말
내가 양귀비보다 더 똑똑한 미인이었더라면
내 친정이 왕가 집안이었더라면
당신을 만났겠어요?
당신은 첫사랑의 그녀를 못 잊어 그러지만
그녀는(좀 빨리 읽을 것) 당신을 버리고 간 거예요
속 좀 차리세요, 속.
친정어머니의 간절하신 당부를 따르느라고
나도 입을 지퍼로 여기지만
첫사랑 없는 사람 있간디요?

늦가을인가 초겨울인가
걸립패가 풍장 쳐서 쌀 모으고
유지들이 추렴하여 마련한
구멍 뻥뻥 뚫린 강철판 다리를
뾰죽구두를 신고 건너려는 나를 보고
동네 노인이 하던 말;
"안될 걸, 안될 건데."
눈치 빠른 내가 벗어든 구두 · 맨발을 보고

당신이 내민 등에 업혀 건넌 다리가
평생 업히게 된 내 다리지요.

부부란 별건가요
의사(醫師) 빼놓고 가내(家內) 치질 치료 의사지요.
내가 사준 내의의 내의를
벌겋게 물들이며 치질을 앓을 때
치료해 준 보답이라고
나 치질 앓을 때
웬 일로 병원을 못 가게 펄펄 뛰면서
당신이 나 치질 낫게 해준 것
그것이 부부지요 뭐.

어느 유기견(遺棄犬)에게

저렇게 기다리다 돌이 되면 어쩌지
물고 빨고 보듬던 사랑은
의붓어미 모진 마음이었던가?
수선스러움과 굉음만이 흐르는 거리에서
태곳적 순정으로
빗물 눈물 속에 앉아 있는 너를 어쩌지?

다가가 귀엣말로라도 일러 줄까?
'그 사람 같은 놈'을
마음에서 잘라 버리라고.
아니 주인님은 돌아가셔서
천당에 가 계시다고.
정문(旌門)을 세워 줄 아무도 없는데.
저 애절한 눈빛을 어찌 본담.

사람이 개인가
개가 사람인가
순애보(殉愛譜)는 어디다 쓸까?
치술령은 어디인가
너는 치술령신모((鵄述嶺神母)*가 되어야 하는가?

오수(獒樹)의 의견(義犬)은

죽어서도 차라리 행복하였네라.*

* 치술령신모((鵄述嶺神母) : 신라 17대 내물왕(奈勿王) 때의 일이었다. 내물왕의 아우 미해(美海)가 왜국에 볼모로 가 있었다. 박(김)제상(朴(金)堤上)이 미해를 구하러 왜국으로 갔다. 미해를 구해 신라로 보내고, 박(김)제상은 왜왕에게 죽임을 당했다. 박(김)제상의 부인이 박(김)제상을 사모하여 세 딸을 데리고 치술령에 올라가 왜국을 바라보고 통곡하다가 죽어, 치술령신모가 되었다.

* 전라북도 임실군 둔남면 오수리에는 의구(義狗) 이야기가 전해 오고 있다. 주인 김개인(金蓋仁)이 장에 갔다 오다가 술에 취해 고개에서 자고 있었다. 들불(담뱃불)이 주인에게 다가오고 있었다. 개가 꼬리에 물을 축여 와, 이 불을 꺼서 주인을 구하고 지쳐서 죽었다. 개 주인 김개인이 그 자리에 지팡이를 꽂았더니 느티나무 세 그루가 자랐단다.

음악회에 온 부인들의 푸념

김장을 하다 말고
연주회에 달려온 부인들이 말했다.
'우리가 미쳐도 단단히 미쳤다.'
'미치는 것도 용감해야 하는 거야.'
'이렇게 미치는 것은 좋은 일이지.'
'나이 들면서 미치는 것은 더욱 좋은 일이야.'
'젊어지는 거지.'

살면서 슬기로워짐은 나이 덕이다.
나이테는 선불리 돌리지 말아야 한다.
그것은 성년식의 기록이다.

자비를 구걸하지 말고
스스로 멍에를 지고 나아가는 거지 뭐.
생각하면
사는 게 다 그런 거지 뭐.
짐짓 너울을 쓰고
너울을 짐짓 쓰고.
너는 누구냐?

2부

나뭇잎 손수건

공산성(公山城)께

-유네스코 세계문화유산 등재를 축하하면서-

그대는 아는가.
선탈(蟬脫)에 앞선
질긴 인고(忍苦)의 세월을.
이제 초심(初心)으로 세계수(世界樹)에 올라
목청껏 노래 부르시라.
가슴을 펴고
마음을 열고.

그대는 아는가.
저 호사스러운 호접(胡蝶)의
고단했던 전생(前生)을.
이제 다소곳이 하늘 정원(庭園)에 들어
몸을 날개로 하여 날아 보시라.
대붕(大鵬)처럼
해그림자를 이끌고.

-《 공주문학 》제28집, 2016.

이팝나무

기아(飢餓)의 삼동(三冬)을
꼬박 새워 마련한
구완의 만나(manna)인가?
눈만으로도 배부른 계절
시절은 까치밥 비비던 보릿고개
이팝나무 아래서
다이어트(diet) 중인
이 푸른 오월은.

얼마나 진하게 드리운
기룬 세월이었기에
하늘을 향한
간절한 기구(祈求)의 봉두난발(蓬頭亂髮) 위에도
팔 벌려 애소(哀訴)하던
가녀린 손에도 어깨에도
이밥이 함박눈처럼 쌓였는가.
이밥을 옥동자처럼 받들고 섰는가.

―《 공주문학 》제23집, 2011.

목련꽃 아래서

누가 베푼 성찬(盛饌)의 자리였는가
순백의 은수저들이 질탕(跌宕)함을 보면
그는 대단한 거인에 활수(滑手)였나 보다
화사한 살림들을 펼쳐 두고 떠난 것을 보면.

하늘 화폭(畵幅)에 흰 붓 끝을 치올려 그린
밤을 낮 삼은 황사(黃砂)의 계절
훈풍에 따스운 볕을 간절히도 기구하더니
지난 밤에사 샴페인을 터뜨리셨는가?

우러러 한껏 팔 벌린 천수(千手)의 곡절(曲節)마다엔
하늘을 받들어 올린 순백(純白)의 합장(合掌)이 가득
눈부신 햇살은 섬섬옥수를 간질이며
저기서 미소 짓는 봄바람을 손짓하고 있었다.

뻐꾸기

농투성이 나 가까이에
뻐꾸기가 비둘기처럼 날아왔네.
뻐꾹 뻐꾹 뻑뻐꾹
반가운 마음에 나도 모르게
뻐꾹 뻐꾹 뻑뻐꾹.

초라한 내 행색에
흠칫 놀란 뻐꾸기는
훽 날아가 버렸네.

뻐꾸기가 또 날아와
전깃줄에 매처럼 앉아서
뻐꾹 뻐꾹 뻑뻐꾹
황송한 마음에 나도 모르게
손 오카리나(ocarina)를 만들어
뻐꾹 뻐꾹 뻑뻐꾹.

화려한 제 붙이의
음성이 아니라고
훽 날아가 버렸네.

꿈속처럼
아득한 곳에서라도
들려오는 너의 노래가 좋아서
분수도 모르는 나의 곡조는
너를 부르는데
어쩌자고
너는 달아나기만 하느냐.

대청도* 농여해변에서

아득한 세월 혼돈의 모진 흔적이
절차탁마(切磋琢磨)의 미덕(美德) 몽돌로 모인 곳에
원만한 군자(君子) 아닌 돌이 하나도 없네.
사철 수선스러운 세파에 몸을 갈고 닦아서라네.

모두들 안아 가고 싶은 고운 이들뿐인데
예로부터 미인은 일편단심이라 하였어라.
옹골찬 무거움으로 앙탈을 하는데
함묵(緘默)의 속도 모르는 바닷가 어린 중생 우리.

모래톱은 칭얼대는 바다를 휘어 안았고
바다는 아스라이 하늘을 이고 있는데
저기 산정(山頂)의 삼엄한 젊은 초소(哨所)는
고운 산하(山河)의 찬사(讚辭)를 멈칫하게 하였어라.

철썩철썩 여기저기 검은 여가 머리를 드는데
수평선 가까이의 물속 일렬횡대의 긴 행렬은 무엇인가.
뭍으로 달려드는
너울성 파도를 막고 있는 모래 언덕이란다.

하늘과 바다가 보우(保佑)하는
우리의 고운 산하 그 천연의 방파제란다.

* 대청도 : 인천광역시 옹진군 대청면에 있는 섬.

풍경

—젊은 스님과 수녀의 조용한 산성(山城) 산책을 보고—

아름다운 모든 것들은 쉬이 사라져
저편 공포의 포대(砲臺) 속으로 들어가
우리를 조준하면서 손짓하고 있다.

앞에서 재잘거리는 파랑새들은
조금 이따가 뒤도 돌아보지 않고
날아가 버리는 염량세태.

낙엽이 살포시 앉아 무릎을 고인 뜻은
고즈넉한 산성(山城)의 무렴을
발걸음 연주(演奏)로 끄라는 배려.

수도원 생활을 마치고 나온 수녀와
정갈한 승복을 입은 젊은 스님이
가을볕 산길을 거닐고 계시다.

훼산짓던 바람도 멈추고
햇볕은 씻은 듯 더욱 맑고
구름도 저만큼 물러 서 있었다.

살육과 전쟁, 증오와 모략
험한 세사(世事)는 저만큼 물렀거라.
아름다운 일로도 세상은 끝이 없어라.

수녀 되고 스님 되려 했던
젊은 날의 오뇌는 다 씻으셨는가
빈자일등(貧者一燈)도 있고 헌금도 마음 나름 아닌가 ?

부처님의 자비를 말할까 .
성모 마리아의 사랑을 펼까.
뜻이 같은데 도(道)가 다를까요?

스님은 번뇌 속의 중생 제도를 서원하고
수녀는 마리아의 뜻을 따르기로 약속했다.
어느덧 약속한 해가 설핏해졌다.

만나야 해요

만날 수 있을 때 만나자구요.
당장이라도 만나자구요.
미워서 싫은 사람이라도
하늘이 축복해 줄 거에요.

보고 싶을 때는 못 만나요.
영원히 못 만나면 어쩌나요.
보고지워서 슬픈 사람을,
하늘이 용기를 주잖아요.

보고 싶다고 만나지나요?
지금 안 만나면 못 만나요.
죽어서 만나면 무엇하나요?
세상이 용기를 주잖아요.

화양(華陽) 제4곡 금사담(金沙潭)에서

우르렁 쏴아쇄애 재깔재깔 물소리
매미소리 젊음의 소리
바람은 살그머니
산마루 나뭇잎을 간질여 자지러지는데
저 건너 근엄한 암서재(巖棲齋) 문
화들짝 여닫는 천둥벌거숭이들
탁족(濯足)만으로는 시원함이 아까워
흐르는 물을 움키어 보는 이
반가부좌하여 중생의 번뇌를 식어지이다
원을 세우는 이
한여름 불볕이 달군 바윗돌 침상에,
팔베개하여 누운 물가
하늘 멀리 흐르는 흰 구름 조각들을
세다 졸다 자다 하였다, 나는.

밭 가운데 허수아비를 보고

이 가을 모두들
한 해의 잇속을
잔인하게 거두어들일 때
밭 가운데 허수아비
너만 남겨 놓고
모두 떠나 갔구나.
다 안아 갔구나.

한 여름 내내
흘러내릴 땀도 없이
불볕더위에 시달리며,
갈아입을 속옷 하나 없이
소나기를 온몸으로 맞으며,
칠흑 같은 밤
서러운 외로움과 싸우며,
허기진 산짐승
식탐(食貪)을 막느라고
힘없는 팔을 휘둘렀던
노고를 주인도 몰랐었구나.

꽃과 낙엽

꽃은 지면서
아름다운 시절의 탑을 다 허문다.
하염없이 지는 꽃을 보고
나무는 잎으로 꽃을 삼는다.
나무꽃(木花)이 우는데도.

나뭇잎은 지면서도
어찌 아니 갸륵하랴.
애달파하면서도
마음을 상하지 아니하니.

낙엽은
떨어진 잎인가,
떨어질 잎인가,
떨어지는 잎인가,
모두 곱디곱다 .
아름답다.

나뭇잎 손수건

높지도 않은 산을 오르는데
아이들 싸우듯
식식거리는 뜻은
지나온 세월을 싸우려고 그러는가?

부끄러움도 모르고
어린 시절 시도 때도 없이
들랑거리던 하얀 도랑물이
이제 줄줄 흐르는 뜻은
그 시절이 그리워선가?

챙겼다고 해도
빠뜨린 하나 둘은 꼭 있다.
땀이야 이 한겨울에
자랑스러운 것
물동이 훔치듯 해도 되지만
고뿔로 보채는
이 어린 아이를 어쩐다냐.

아 저기 보숭보숭한

냅킨(napkin)이 나풀거리고 있는 것을
야트막한 떡갈나무 가지에.
언제나 다사로운 품에 안아주는
푸근한 너의
이 살뜰한 배려를 모르고
나는.

가을 단상(斷想)

초라한 내 삶에도
어김없이 찾아온,
남들은 수확도 끝낸 늦가을,
단풍이 저 혼자 자지러지는
지금은 하오 네 시
우수수 스산한 바람이
추적추적 가을비 뒤에 달라붙는
시간의 모서리.

그대와 내가 각각 탄
상하행(上下行) 급행열차가
함께 머무는 플랫홈에
우리 잠시 내렸다.
커피 한잔 나누어 마실 틈도 없이
각자의 여정에 올라야 한다.

젊은 무모함을 부러워하면서도
우물쭈물함을 사려 깊음으로 내세워
신호등 앞에 서 있다.
어디로 가야 하는지도 모르는

갈림길을 물어볼
그 흔한 가이드도 없다.

수선스러운 지하철
시원함이 기다리고 있는 화장실
그 바쁜 토막 시간의 벽에도
내게 회초리로 다가오는
지당하신 말씀 명심보감은
또 어쩌란 말이냐
황량한 내 가슴을 보고.

가을별

늦여름 아주 늦여름
비온 다음 날부터
별이 달라졌다.
가을별이다.

여름별하고는
다른 가을별이다.
다르긴 하지만
꼭 그 까다로운
성미를 집어내기는 어렵다.

여름별은 90도 직각
사관학교 여생도이고
가을별은 한낮에도
45도 사각(斜角)의
새촘한 처녀 차림새다.

여름별은 소나기 앞에 쏟아지고
가을별은 강변 물안개 걷힌 후
가느다란 은실로 내린다.

청자빛 하늘의 흰 구름도
차려 입은 단풍도 좋지만
옷깃을 파고드는
스산한 바람은 청승맞아서 원.

냉엄의 계절에게
비밀의 배턴(baton)을 터치한 너는
뒤에 오는
아린 봄을 맞으러 갔는가?

폭포를 감상하는 법

폭포의 아름다움을 감상하려면
폭포 아래 안쪽 방공호(防空壕)로 들 일이다.
천지가 진동하는 그 안에서
환희로 옥쇄(玉碎)하는
비단 폭을 내다보아라.

폭포의 아름다움을 즐기려면
물안개를 피하여 폭포 발치 저만큼 설 일이다.
이제 눈을 모두어 포착하라.
저기 아스라한 스프링보드(springboard)의 난간에서
섬섬옥수로 여미어 낙하하는
순백 비단치마의 그녀를.

그대의 시각(視覺)도
함께 날개를 펴
시원하고 짜릿한 점프를 할 일이다.
비상(飛翔)의 허리쯤에서,
기막힌 사랑은 귀신이 방자하여
서로는 미아(迷兒)가 된다.

그대의 시각(視覺)은 다시
현훈(眩暈)의 화려한 낙하를 위하여
휘청휘청 도약판(跳躍板) 위에 선다.
이젠 은백의 포말과 그대의 시각(視覺)은
함께 비상과 낙하를 할 일이다.
더불어 순백의 포말(泡沫)이 되어
흠 없는 입수(入水)에 성공이다.
다시 도약하는 순백의 나상(羅裳)을 잡아라.

환희의 비상과 아찔한 낙하를 겸상(兼床)한다.
얼싸안고 날아내리다 뒤엉켜
또 길을 잃었다.
다시 정상으로 오른다.
또 ……
또 ……
또 하다 보면
폭포가 아래서 위로 날아오른다.
아래서 위로 떨어진다 폭포가.

풀의 함성(喊聲)

당신이야
내 밭에 우리들 풀이 났다고 우겨대겠지만
밝고 맑은 하늘과 땅 사이의
태곳적 우리 들(野)에선
당신이 잡초였음을 모르시는가.

당신의 그 고집으로
베려면 베라지, 잘려 드리지요.
낫을 놓기도 전에
땀을 닦기도 전에
또 자라 올라오면 되지요.

당신은 곡식 · 채소 · 화초만 챙기시다가.
우리는 이름도 잊어서 싸잡아 잡초
던져진 삶.
쇠심줄보다 질긴 우리의 명을
당신의 목숨처럼 사랑하지요.

발본색원(拔本塞源), 뽑으려면 뽑으라지,
뿌리 채 뽑혀 드리지요.

또 옆자리에서 기지개 켜며 올라오면 되지.
장마 뒤에 보시라지요.
'풀씨는 천 년, 벌레 알은 만 년'임을 모르시나요.

잔인하게도 가장 보드라운 손으로
제초제 뿌리려면 뿌리라지.
소나기 맞은 듯 함초롬히 뒤집어쓰고
미라(木乃伊)보다 더 바싹 말라 죽어주면 되지.
권토중래(捲土重來),
뿌리에서 다시 솟아오르면 되잖아요.

당신들은 풀과의 전쟁이라고
사치스럽게 호들갑을 떨지만
우리는 단지 천지자연이 준
우리 몫의 목숨을 챙기려는 것뿐
당신들을 해코지하려 함이 아니라오.

당신들은 철 지난 플래카드
그 현란한 슬로건으로
우리들 숨통을 덮어버리지만

우리는 창백한 몸통을 땅속으로 감춘다오.
그리하여 달콤한 깃발의 표어가
지열(地熱)로 태양열로
연소(燃燒)될 때까지 기다리지요 뭐.

—《 공주문학 》제25집, 2013.

가을

참으로 궁금한 일이다.

이 새침한 가을 처녀가
그 우락부락한 여름 총각을
어떻게 등 떠밀고 왔을까?
매살스러운 겨울 아낙에게 쫓겨
소리 없는 파노라마로 왔는가?
↶ 봄 ⬅ 여름 ⬅ 가을 ⬅ 겨울 ⬅

참으로 걱정스러운 일이다.

이 귀여운 새침데기를 보내 놓고
내 철부지 마음은 또 어떻게 견딘다냐.
상냥한 봄 소저(小姐)를 맞이하듯
이 가을 아씨를 보내야 한다.
나 뒷걸음질로라도 앞장서서
마주보며 보내 드려야 하고말고.

돌아올 텅빈 길 걱정이 또 태산이다.

기창(機窓) 주변 풍경

뜻이 있었는지
길은 아스라이 헤엄쳐 나갔다.
가끔은 고속도(高速度)로 달려갔다.
물은 여기저기 녹색으로 갇혀 있는데
강물은 용트림으로
꼬리가 더 굵어져 가고 있었다.

숲은 영장류의 모진 할퀴에 쫓겨
칠년대한(七年大旱)에 잦아드는 호숫물이다.

문명이란
지표(地表)를 할퀴어 놓은
영장류의 손톱자국인가?
기창(機窓) 밖 저기를 보아라.
우리를 업은 이 거인(巨人)의 그림자가
산과 들을 번개처럼 달려감을.

쏴아쏴아 우웅우웅우웅
무거운 굉음(轟音) 위에 떠서
쇠새(鐵鳥)속의 고운 여인이

날라주는 기름진 모이를,
묶인 몸으로도 좋아라서
주린 새처럼 콕콕콕 쪼면서 나는,
신선이 어디 있을까를
곰곰이 생각하고 있었다.
세상에.

오어사(吾魚寺)* · 오어지(吾魚池)가 보이는

—겨울 찻집 저녁 풍경—

차고 넘치는 당신의 은총(恩寵) 어린
은백색 성배(聖杯) 너머로
거쿨지게 솟아오른 영봉(靈峰)의 저
간조롱한 병풍 산마루
멧돌 등갈기 얼레빗살로
광망(光芒)을 솔질하는 저녁 은쟁반.

차면 비워 내리는
오어지(吾魚池) 무넘기의 저 겸손한 물보라
혜공 · 원효의 헌걸스런 성음(聲音) · 법력(法力)은
어디서 찾을까
모의천(芼矣川) 숲길 따라
오어사 · 원효암 올라 삼가 뵈올까.

어리석은 중생 못내 묻잡노이다.
뜻 모를 말씀 '여시오어(汝屎吾魚)'
일체(一切) 유심(唯心)이라는데
저 미망(迷妄)의 학구(學究)를 구하옵소서

해질녘 이 찻집 창가는
고풍(古風) 난로로 더욱 푸근하옵니다.

* 오어사(吾魚寺) : 경북 포항시 남구 오천읍 항사리에 있는 절.

화산의 분출을 보고

분화구에서 흘러내리는 저 시뻘건 환희의 용암을
저 용암을 나는 안아주고 싶다.
신(神)의 고로(高爐), 그 금단의 문턱을 뛰어 넘은
너의 용기를 안아주고 싶다.
부글부글 구천(九泉) 깊은 곳에서 끓이고만 있던
가슴앓이를
심장을 터뜨리고 가슴을 찢어 하늘 높이 뿜어 흩뿌리는
저 마음이야 오죽하랴만
우리는 너의 할복(割腹)은커녕 우울증도 몰랐다.

본능으로 질주하는 시뻘건 마그마 너의 용틀임
용광로 속의 선철(銑鐵) 너는 저리 비켜라.
나는 너의 체온을 알 길이 없다.
식어 바스러진 통한의 네 뼛가루 위에 솟아오른
덩거친 푸나무 숲 요것들이 다 무어냐.
그 속에서 뛰놀던 철없는 어린것들
호랑이 고라니, 이리야 토끼야 사람아
구물구물 어린 물생(物生)들아
진작 저리 비켜라, 내가 나간다.

네 불쌍한 생령들을 나는 어쩌란 말이냐.
이제 용틀임하여 바다로만 내리꽂지 말고
벌판으로 달리렴.
뒤에 오는 이의 발걸음만을 위함이 아니라
천만 년 함묵의 바위 속에 묻어둘
응어리를 다 태우고 가렴.
이제 막 흘러내리는 저 시뻘건 환희의 용암이여
쉬지도 식지도 말고 달려라,
용틀임하여 달려라,
너의 평원을.

지층(地層)의 초창기를 여는 너는
뒷날 태고(太古)의 창조자.
지금 여기서 멈출 수는 없다.
너 정열의 화신
용(龍)의 혀 마그마여 마그마야.

한겨울 눈님

아니 오실 양하여 섭섭 야속한 마음이다가도
오시리라는 기척만으로도 방망이질하는 이 가슴
오고 계심을 가로등 불빛으로는 보이시기에
초저녁 어스름부터 자꾸 한길을 내다보니이다.

오시면 오셔서 화들짝 반가운 임이신데
가시고 나면 서운한 마음에 살림이 한 걱정
아니 오시면, 가슴 졸이다 까맣게 태우다가도
오신다니 궁중요리사 모실 일이 또 걱정.

마중을 가잘까 모시러 나설까 임이 오시는 길로
험한 밤길 오지 마시오라 전령을 보내드릴까
여린 마음에, 노여워 아니 오시면 또 어쩌려고
시린 계절에 다사로운 손길마저 사리면 어쩌지?

지친 기다림으로, 가녀린 팔베개에 살폿 잠든 사이에
포옥 덮어 주고 가신, 잠덧 세상이 차 버린 햇솜 이불
어쩌자고 불면의 나도 자는 밤으로만 오시니이까.
노여우신 마음에 집 앞도 창가도 지나지 않으셨나요?

3부

약속은 하지 말아요

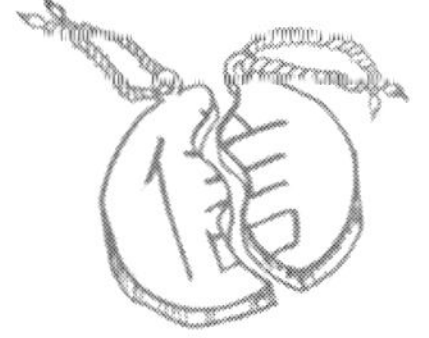

남의 속도 모르고

서울 가는 고속버스
손님이 없어 빈 차로 나선다.
세단 속 사장 사모님 하시는 말씀
빈 차로 가느니 나나 태우고 가지.

배추 값 금값이었기에
덩달아 심었더니
태가(駄價)도 안 나와 갈아엎는다.
쟁기머리에서 연구소 박사님 부인 왈
그러려면 나나 주지 왜 그래.

벼 수매가(收買價) 비료 값도 안 되기에
가마니 풀어 나락 길에 뿌리며
울부짖는 농사꾼 앞에
아이고 아까워
나나 주지 저 나락 가마니.

—《 공주문학 》제24집, 2012.

지금 노래하지 않으려거든

–그때 가서도 노래하지 마시오–

예언자로 우러름 받고도 싶고
노래하지 않고는
배기지도 못 하겠거든
군령장(軍令狀) 써놓고
지금 여기서 노래하시오.

살얼음의 시절에
혀 밑으로만 숨어들던
부르지 않고는 못 배길 노래 있었거든
지금은 악보(樂譜)조차 거두시오.
그때 노래하지 않았거든
지금 노래하지 마시오.

지금 여기는
춘추전국의 시절이 아니라고 하려거든
그때 가서도 노래하지 마시오.
당신의 영명(令名)을 위한
친절을 다한 나의 고언(苦言)이오.

그때 가서 그것 보아라,
내가 노래하려다 만 것이
그것 아니더냐 하려거든
공증(公證)의 타임캡슐을 꺼내어
광장에서 증언하시오.

꿈은 미래의 것
천리안(千里眼) 가졌거든
지금 여기서 노래하시오.
예언은 그대의 시금석(試金石)
우리 모두는 운명의 타임캡슐.

—《 공주문학 》제22집, 2010.

궁즉통(窮卽通)

마음이 궁할 때면
한우 갈비를 외상으로라도
사다 안친단다.
무릎을 탁 쳤다.
넉넉한 마음일 때에야
주린들 배가 고프더냐.

갈비를 뜯는 웃음 사이에
염불처럼 구시렁거리는 소리
엄마 · 여보, 돈 떨어졌구먼
하여간 건강해야 할 거 아닌감
몸마저 궁하면 어떻게 해요?

마음이 우울할 때면
드넓은 매장을 가진
꽃집으로 달려간다.
봄볕처럼 향기 밝은
꽃만 한 아름 골라
내가
내 가슴의 꽃 항아리에 안겨 준단다.

양은대야 안에
다 타 식어버린 연탄재 위에
불붙은 연탄 올려놓고도
냄비에 밥 비벼 싹싹 긁어먹고,
머리맡엔 진한 앵혈(鶯血) 간직한 손수건
떳떳한 부끄러움으로
찹찹 접어 고이 놓고
이불 폭 덮고 단정하게 옷 입고,
손 꼭 잡고 나란히 정사(情死)한
젊은 연인(戀人)의 주검을 보았다.
모진 마음먹은 청춘이야
오죽해서 그랬으랴만.

살아 숨 쉬는 물생(物生)으로
등 따습고 배부른 후
해우소(解憂所) 잘 다녀왔으면 족하지
또 무엇을 하랴, 바라랴.
마음이 무뎌져야 행복해진단다.
마음이 무뎌야 행복하단다.
남의 말이라고 하는 말인가?

가지 많은 나무의 말

아무리 화가 나도
무자식 상팔자라 말하지 마세요.
가지 많은 나무 바람 잘 날 없다 하지만
가지 없는 나무 바람 없어 좋은가요.
무풍(無風)의 그대 나무 둥치
하늘로 하늘로만
끝없이 커 오를 수 없잖아요.
바람 잘 날 없는 가지
그대 잔약한 뿌리 흔들어 깨워
바위 뚫고 물길 찾아
물과 자양을
정수리까지 뿜어 올려주잖아요.
그대, 가지 위해 삶 바쳤다고 정가하지 마세요.

바람 잘 날 없는 가지
그대 관음(觀音)의 천수(千手)임을 왜 모르시나요.
바람 잘 날 없던 가지 철들면
그대 위한 튼튼한 버팀목임을 왜 모르시나요.
그대가
가지 붙잡고 썩이는 속이 아니라

그대 위해
잘 날 없는 바람을 막고 서있는
재깔재깔 지저귀는 가지임을 왜 모르시는가.
그대 또한
주름 이랑진 어버이의
바람 잘 날 없던 가지였잖아요.

세상 이치

잘 아시잖아요.
부드러운 껍질 속에
단단한 씨앗 들었고
딱딱한 껍질 속에
보드라운 속살 들었음을.

또 아시잖아요.
매끄러운 것이 마르면
끈끈적적하고
그것 바뀌면
또 매끄러운 것을.

단 고구마 썩으면
소태보다 더 쓰고
쓴 맛의 익모초가
단 입맛 가져오고
세상인심은 무서운 것을.

굵으면 짧고
길면 가는 것

굵고 긴 것
가늘고 짧은
그런 법은 없는 법.

방자(放恣)한 천재에게

창조주 당신이
설계 감리(監理)한 우주의 신비를
방자한 천재 당신은
조금은 많이 알잖아요?
당신은
보물찾기를 잘 하잖아요?
그것 하나쯤
내게 귀띔해 주시면 안 되나요?

인명대사전, 그 호벅진 볼륨 어디에도
증상만(增上慢)의
당신 이름 석 자가 비치지 않으면
그 이름에 걸맞지 않지요.
이름이 나오지 않는 이유를
당신은 아시나요?
그렇다고 별난 짓은 마세요.
당신은 맑은 밤하늘의
그 많은 별들의 이름을 다 아시나요?

성이 풀리지 않으시면
그 대사전에 안 나오는
사람들의 이름만 다 실은
태대(太大) 인명사전을 만들어
무명 인사들에게 팔아보시지요
그러면 당신은 백만장자
그러나 무명(無名)의 사람이
세상에 어디 있어야지요.

사돈의 팔촌인 기화요초(琪花瑤草)는
끼니를 위한 양식을 대지 못하지요.
아름다움은 속빈 강정이기 쉽습니다.
영웅호걸 재자가인(才子佳人)은
역사의 기화요초(奇花妖草)입니다.
무명(無明)한 무명(無名)의
당신은 세상의 보배임을
나는요 압니다.
제가나 알아드리지요.

헌걸찬 초인 그를 기다리며

헌걸찬 젊은 사나이와
아름답고도 정숙한 처녀가 만나
불같은 사랑의 열매로 태어난 아기가 있어
칭기즈칸에서 표한함을 덜고
부르터스의 배신을 알아채는 시저이고
나폴레옹에서 말년의 패배를 지우고
알렉산더에 장수(長壽)를 더하고
링컨으로부터 고뇌에 찬 민주주의를 받은
그런 초인으로 이 땅에서 무럭무럭 자라소서.
그런 초인을 우리에게 주소서.
우리 모두 그를 알아보아
받들어 위할 줄 아는 혜안을 주소서.
가까이 받들고 있으면서도 그가
초인인 줄을 아는 지혜를 우리에게 주소서.
그가 애를 쓰다가 낙담하여 쓰러지지 않도록
우리가 그에게 온 힘을 실어주고도
오히려 남을 힘을 주소서.

평범을 좋아하여 기림은
스스로의 용렬함을 가리려는

이솝의 여우 그 신포도일 뿐.
걸출함보다 범용함을 원하는 부모는 없어라.
스스로 불초(不肖)라 함은
부모가 걸출함을 바라는 겸사일 뿐.
자식도 남이라 하면
나 싫은 것 남도 싫은 법.

건달이 아니고도 시원시원하고
샌님이 아니고도 정확하고
장사꾼이 아니고도 영악한
호기로운 사람, 호연지기가 넘치는 사람
초인을 뛰어넘는 사람 그를 만나고 싶다.
그가 우리 앞에 나타나
낮에는 구름으로 밤에는 불기둥으로
황량한 우리의 미로를 헤쳐
거함(巨艦)의 스크루(screw)처럼
물보라 헤치고 나아가지이다.

길

아는 길은 하나뿐이지만
모르는 길은 여럿이어라.

아는 길은 업은 아기 위에 아기 또 업는 길이지만
미지(未知)의 길은 콜럼버스의 달걀이어라.

아는 길은 송사(訟事)하는 이와 함께 가는 길이지만
미로(迷路)는 가슴 뛰는 첫사랑과의 밀월(蜜月)이어라.

아는 길은 뱀의 배알이지만
낯선 길은 광장(廣場)으로 폭주(輻輳)하는 바퀴살이어라.

아는 길은 금단현상(禁斷現象)이 기다리는 마(魔)의 길이
지만
안 가본 길 못 가본 길은 가보지 않은 길의 형 아우
후회할 틈도 주지 않는 내 삶의 지엄하신 스승이어라.

매미에게

그렇게 목 놓아 운다고
세상이 꿈쩍이나 하더냐
어디.

5년, 10년, 15년
구천(九泉) 가까운 곳에서의
설웠던 네 유폐(幽閉)를 누가 알겠느냐.

명심보감이 아니라도
네가 웃으면 세상이 모두 웃고
네가 울면 너만 운단다.

너도 알기는 아는가?
왜우우 왜우우
하는 걸 보면?

나방과 거미의 효 · 불효 다리

길가 어두운 계단 턱 아래
작고 하얀 나방 한 마리
거미줄에 걸려 팔락거리고 있었네.
발버둥질이 몸을 더욱 옭고 있었네.

저기 음험한 몸짓으로 거미가
소리 없는 쾌재 속에 다가오고 있네.
약육강식의 자연법칙을 생각하다
여린 심장의 아픔에 쫓겨
나뭇가지 삿대를 나방에게 들이 밀었네.

멈칫하는 거미
몸부림치는 나방
한쪽 날개에 얻은 자유가
온몸의 자유를 불러와
첫사랑처럼 나방은 후루룩 날아가 버렸네.

도끼눈으로 쳐다보는 거미에게
어쩔 줄 몰라 하는 나를

지나가던 이가 빙그레 웃고 있었네.
나방과 거미에게의
효 · 불효 다리를 웃고 있었네.

카스트(caste)의 탄생에 대하여

천재들
오만 무례의 소도(蘇塗)
주울 이삭도 남기지 않고 싹 쓸어가다니
황량한 벌판에
지식의 뱃구레만 키워 놓아
철없는 학동들만 괴롭히느니.
천기를 누설한 죄로 미움을 샀기에
요절할 수밖에 없음은
오히려 중생의 번뇌를 덜어주는
당신의 유일한 보시(布施)
다음 세상에 오실 때는
범부(凡夫) · 백치(白痴)로 와 보소서.

군자들
화려한 언행은 다해 놓아
망나니 마음잡아
줄반장도 못하게 해놓고
저기 근엄하신 모습으로
위악(僞惡)이라도 해보실 걸.
가난한 백만장자의 영화로

한번의 거동도 어려운 영어(囹圄)의 몸
차라리 진시황 · 네로가
부럽진 않으셨나요?
다음 세상에 오실 때는
망나니 · 건달로 와 보소서.

범부(凡夫)들
겉으로는 흔연한 무명초 잡초
대량 살상의 제초제 앞에 쓰러지면서
호미 끝에 뽑혀나던 때가 오히려 낭만이란다.
밀림에서의 승자가 달래는 감언(甘言)에 속아
천하지대본으로 자처하는 지적(知的) 낭비자.
범상(凡常)을 즐겨
위선의 너울로 쓰고
이솝의 신 포도를 웃음은
차라리 죄악임을 모르는가.
다음 세상에 오실 때는
천재 · 군자로 와 보소서.

못난이 바보들
주워다 먹여도 못 삼키고
지팡이를 주어도 아니 짚고
손잡아 이끌어도 마다하는
너는 그래서
어쩔 수 없는 하우불이(下愚不移).
천하에 근심이 없기로서야
당신만한 복인(福人)이 또 있겠소!
작위(作爲)의 번뇌가 없는
영원한 자유인(自由人) 너
다음 세상에 오실 때는
총명을 빛내어 그대 뜻대로 하소서.

—《 공주문학 》 제26집, 2014.

조류 독감(AI:Avian Influenza) 유감

구만리(九萬里) 장천(長天)을
원무(圓舞)로 나는 너는
내려앉는 곳이
모두 화수분인 줄 알았더니라.

수의사(獸醫師)는 너의 의사가 아니었다.
물결에 뒤채는 애잔한 너의 육신
북국을 향한 빛바랜 동공(瞳孔)
화려한 꿈의 객사(客死).

두 팔 벌려 환호하던 염량세태에
비상(飛翔)을 잃은 너의 슬픔
철되면 혼령으로라도 오렴
노여움 거두어 훨훨훨 날아.

창공을 날기는커니와 우러러 호곡(號哭)마저
한 뼘 모이틀에 갇혀 천형의 울음 꼬꼬댁
산 채로 부릅뜬 눈에 흙이 들어가는데도
끓는 기름 가마를 소원하던 생령들과 더불어.

—《 공주문학 》제26집, 2014.

농사짓는 세상의 아버지 · 어머니께

입에서 쓴내 나게 농사지은
쌀, 콩, 고추, 무, 배추 …….
철없는 아들, 딸, 며느리에게
공으로 들려 보내지 마시오.
모진 말하는 이 중생도
제 새끼는 함함하다고 하는
시골 고슴도치입니다.

설 때 추석 때
삐쭉 오기만 하면 고마워서
광에서 밭에서
보따리로 꾸러미로
그냥 만들어지는 줄로 아는
철부지 자식들에게
공으로 들려 보내지 마시오.

미국보다 먼 어느 나라에선
풍년의 헐값 커피를
눈물과 함께
바다에 쓸어 넣었었답니다.

우리도 오죽 답답하여
우리의 구복(口腹)에 넣을 쌀을
꼭꼭 가두어 격리시키라고 하잖아요?

희떱기만 한 우리의 자식들은
제 아비 어미가 흘린 땀의 범벅을
배부른 도시의
가늘고 흰 손의 이웃들에게
협협하게도
내돌리고 있음을 모르시나요?

사먹을 만한 사람 그들이
공으로 배를 채웠으니
당신들의 한숨과 땀은
빛도 안 좋은 비지떡이 됩니다.
배로 비행기로 비행기로 배로
큰 나라에서 들어오는
보따리상 보따리 농산물만
농투성이 우리 아버지 어머니
숨통을 죄는 것이 아니지요.

마른 대추 얼굴로 시골에 계신
우리 아버지 어머니
당신들의 애끓는 사랑이
당신들의 가슴을 겨누는
모지락스러운 화살이 되어
세월처럼 날아옴을 모르시나요?
착하려면 영악해야 한다네요.
요새 세상은
모진 사람이 잘 사는 세상이라네요.
공장에서 나온 것은
어느 것 하나
그렇게 헤프게 내돌리는 것 보셨나요?

입신양명한 자식은
부모 당신도 어려워하듯이
찬 곳간의 열쇠 쥔 부모에
고분고분하지 않은 자식 없답니다.

요즘 세상에
농사지어 부자된 이 있다던가요?

야박한 사람은 아무개라고만 하여
'아이 퉤퉤'해도 좋으니
농투성이 우리 아버지 어머니
부디 속을 차리셔요.
헤프게도 다 내어 주시고서
빼앗겼다고 가슴을 치지는 마셔요.
노년이 행복해야
잘 사신 한 평생이잖아요?

이동식 개인 역사 박물관

모든 사람은 그 자신의 이동식 역사박물관이다. 이 무거운 박물관을 들고, 이고, 지고, 안고 다니면서 산다. 사랑의 역사박물관, 성(性)의 역사박물관, 죄의 역사박물관, 학력 · 경력의 역사박물관, 얻어들은 장단 풍월들의 역사박물관, 오만 · 허영의 역사박물관, 오욕칠정의 역사박물관 …….

더러 자랑스러운 것들은 과장하여 전시도 하지만, 더러는 겸손을 핑계로 수장고(收藏庫)에 간직한다. 아주 많이는 내가 보아도 부끄러워 깊이깊이 비장(秘藏)한다. 가끔은 깜깜한 방에서 혼자만 전시 · 감상하기도 하지만 이 거북살스러운 박물관이 세상 모든 사람들에게 다 보여질까?

때 묻은 나이 들어 거짓 없이 쓰려는 일기처럼 태산 같은 두려움을 안고 살기도 한다. 아니 이 박물관들을 모두 없이할 묘방을 찾다가도 호주머니에서 절그럭거리는 열쇠꾸러미를 만지면서 그냥 살아를 간다.

돋보기를 쓰고 외출을 하였네

세상이
왜 이리 어찔어찔하냐.
한 잔 술도 아니 마셨는데.
이 땅덩이가 자전 공전을 해선가?
저기 산과 거리는
꿈쩍도 않는데.

돋보기가 내게 말하였네.
아직도 책상물림인가,
돋보기로 외출을 하다니
세상은 돋보기로 보는 것이 아니라
망원경으로 보는 것이라네

남들은 천리안(千里眼)에
망원경을 찾는데.
돋보기가 볼멘 투로 말하였네.
아예
현미경을 쓰고 외출을 하게나.

약속은 하지 말아요

우리 약속은 하지 말아요.
맹세도 하지 말아요.
약속은 조각나기 쉬워서만은 아니어요.
맹세는 깨지기 쉬워서만도 아니어요.
그렇게 못 믿겠다는 것 아닌가요?

만날 사이는 꼭 만나는 것
서로의 마음은 마음으로 알잖아요.
옥걸고 또 옥걸어도
지문마저 지워지는 걸 어쩌지요.
돌에 새겨도 비바람이 헤살짓는 것.

야단스럽게 고맙다고 말하는 것도 아니어요.
삼복(三伏) 날씨인데도 손잡는 건 억지지요.
물은 흐르는 대로 바람은 부는 대로잖아요.
믿을 건 지금 그대의 다사로운 마음뿐,
그대에게 드리는 내 이 사랑하는 마음뿐.

하나 서점(書店)마저 사라진 거리에서

천지에 넘치는 물신주의 풍랑에 표류하던 너
침몰한 첫사랑처럼 아릿한 자리에 화사하게 솟아오른
균일가 생활용품점 다이소에 넘치는 저 인파는
목구멍이 포도청이어선가 포도청이 목구멍이어선가
상아탑도 잃은 너를 저자 한가운데서 찾는 나나.

농부 일기

농부와 그의 아내 : 나의 아버지 나의 어머니
유종(乳腫) 앓아 더욱 쪼그라든
젖가슴까지 검게 그을린 나의 어머니
못 박힌 손바닥 손가락 마디
자식에게는 이 고통 유전하지 않으리,
더욱 고난의 길을 걷다 가신
지금은 먼 산에 누워 계신 나의 아버지 어머니
두 분 고난의 음덕(蔭德)으로
온실 속에서 한 평생 고이 살았습니다.
죄만스럽게도.

호강 속에 자초(自招)한
재미로, 멋으로, 심심파적(破寂)으로
그 오만으로 벌 좀 받으라지.
배부른 소리, 듣기 좋은 저주;
퇴직(退職) 후 전원(田園)으로 돌아가
놉 없이 기계 없이
한 두어 섬지기 농사나 짓지.
과수원이나 한 천 평 하고.

편편(翩翩) 약골(弱骨)에
명을 재촉하려면.

창공에선 시국(時局)의 비행기들이
하늘이 좁다 하고 세로로 가로로 쏼거리는데
나는 변방의 텃밭에서
푸성귀를 위해 풀과 싸운다.
조조(曹操)가 업신여긴
채전(菜田) 가꾸는 유비(劉備)도 아닌데.
눈 닿는 고속도로에선 빛나는 관광 대열이,
화려한 재물(財物)과 용무(用務)들이
폭발 직전 굉음(轟音)의 타이어에 실려
변의(便意)의 재촉으로 광속(光速)과 경주를 한다.

외람되게도 나는
소 잡는 칼로 닭을, 닭 잡는 칼로 소를 …… 하다
호미를 놓고 흘러내리는 땀을 닦다
후줄근한 풀더미를 돌아보다
바구니에 넣어 온 냉수를 벌컥벌컥 마시는데

지나가던 멋쟁이가 한가하게도 길을 묻는다.
나도 외지인(外地人)이오. 자랑스러운 그대처럼.
절이 싫으면 중이 떠나면 되는 것
한낮의 불볕이 볏잎을 어루만지니
온 들판이 좋아라, 파도타기를 즐기는 관중석이다.

—《공주문학》제25집, 2013.

이른 봄 양지에 화분을 성급히도 내놓고서

설 지나니 볕이 좋아 벌써 봄인 줄로 알았네라. 칩거(蟄居) 삼동(三冬)의 꽃분이 안쓰러워 양지를 찾아 내놓았네.

따사로운 볕을 찾아 미욱한 마음을 더 다가놓았어라. 좋아라 팔팔 뛰는 줄로 알았더니 웬 중증 화상(重症火傷)이라네.

꽃샘추위를 깜빡하여 밤사이 안아 들임을 잊었어라. 저체 온증에 시달렸음을 파란 입술로 보여 주고 있네.

바라노니 다만 속잎하고 뿌리나 한세월 무양(無恙)하시라. 선부른 햇볕도 잘못 읽은 시절도 아직 탓하진 말라네.

문틈으로 휘익 도둑고양이의 빠른 염량(炎凉)을 몰랐어라. 아질아질 양지에 갈마드는 야속한 세태를 잊었었네.

불혹 지천명 이순 종심 다 지나고도

이 나이쯤이면 그리움은
모내기철 가뭄에
저수지 물 빠지듯
사라질 줄 알았네.

지금 정말로
하고 싶은 말을
하고 싶은 사람은
말할 수 없는 거리에 있네.

이를 어쩌지
그를 빼고는
아무에게도
말할 수 없으니.

4부

너를 어떻게 부르지

피리어드(.)와 콤마(,)

. 는 아직 아쉽고
, 는 벌써 바쁘다
. 는 완성이 아니고
, 는 휴식이 아니다.

. 는 항해를 위한 쉼표
정상(頂上)으로 기어오르는 리프트(lift)
, 는 완성을 위한 마침표
바다 위의 곤돌라.

. 뒤에 , 를 할까
, 후에 . 를 찍을까?

아 어지럽다.

삶은 달걀

관광지 입구 길가
아주머니 노점상의 '삶은 달걀'
'삶은 달걀'인가?
그렇지, '삶은 달걀'이지
철학자 아주머니다
안개 속의 육지를 처음 본
콜럼버스처럼 나는 놀랐다.

조금 더 올라가니
'철학관' '운명 철학관'의
큰 글씨가 눈을 부릅뜨고 서 있었다.
소크라테스가 와 계신가
칸트가 와 차렸는가
들어가 청강(聽講)을 할까 말까
나는 마음이 바빴다.

웃옷 내의는 앞뒤를 바꿔 입고
아랫내의는 뒤집어 입고
버선은 수눅을 바꿔 신고 나선
오늘의 매사(每事)가,

폭음한 날 깜깜한 밤에
다시 타는 갈증으로
이미 다 마셔 버린 빈 물사발을
힘껏 들어 올린 기분이었다.

'만들다' · '만지다' 찬가

—미술과 조소실(彫塑室)에서—

태초에 하느님이 사람을 만들었단다.
사나이의 구석구석 온몸을.
머릿속, 가슴속, 뱃속,
그리고, 그리고

그 사나이의 갈비뼈로
여자도 만들었단다.
머리, 가슴, 엉덩이, 얼굴,
그리고, 그리고

신은 남성이었을까
여성이었을까?
신은 만들었을 게다
손을 대지도 않고?
여신은 수처녀를
남신은 수총각을
각각 그의 욕심에서.

남신은 자기 작품을
여신에게 자랑하고 싶었다.
여신도 그 솜씨를 그랬었다.
세상에 나아가 전시회를 열자고 하였다.
그래서 총각은 처녀가 그렇게 보고지고
처녀도 숨어서 그렇게 그러는가보다.

만작만작 만지작만지작
만들었을까 만져 보았을까 신은?
사람의 볼을, 손목을, 젖무덤을, 불두덩을,
뼈마디, 힘살, 오장(五臟), 육부(六腑)를,
그보다 깊이깊이 어디에 있었을
사람의 마음, 오욕(五慾)과 칠정(七情)을
그리고, 그리고

신은
사랑하는 사이에만 허락하셨을까?
만작만작 만지작만지작.

'만들다' · '만지다'

너에게서 나는
갈망의 눈빛을 본다.
사랑하는 사람 사이의 숨결을 본다.
절망을 보다가 슬픔을 본다.

신은 사람을 만들면서 만지면서
참으로 즐거우셨을 게다.
사람은 점지해 주신 걸
그저 받으려고
들락날락거리기만 하면서도
가슴은 쿵쾅쿵쾅
숨어서 뛰는 것을 보면.

꽃이여

너를 어떻게 부르지?
너를 좋아하는 내겐
벅찬 이가 너무 많아서가 아니다.
네가 하도 예뻐서
네 가까이만 가면
나는 절망한다.

어린 아이처럼 우지끈 꺾어
타는 가슴에 안을 용기도 없고,
화사한 너의 품속으로
파고 들어갈
벌도 나비도 나는 아니다.

이제 먼발치에서
너를 불러 본다.
소리 높여 불러 본다.
(꼬치, 꼬츨) 꼬차?
(ㄷ슬, ㅊ슬) 꼬사?
(꼬 다래, 꼬 덥따) 꼬다?

―《공주문학》제24집, 2012.

가을 주말의 낙산사 행

산산산
산산에는 나무나무나무
나무나뭇잎은 불긋울긋불긋울긋울긋불긋
그 위엔 흰 구름구름구름
구름구름 위엔
고우신 해수관음의
저 자비로우신 자태.

관음의 시선을 따라 머문 곳엔
물기둥 불기둥 물거울 불거울
물거울은 거울이 아니랬는데.
하늘과 물이 닿은 곳 밖은 어디.
돌아보니 관음은 천지에 가득히 서계시는데
사람들은 물처럼 흐른다.
모두 가고는 또 오기 어려운 걸음이다.

길길에는 조르륵조르륵조르륵
굴러 오고가는 차차차들
서늘한 저녁놀은 땅으로 비끼어 내리고.
집 나선 곳이 아무리 고와도

벌써 아침에 시원히 나선 집이 그리워
마음은 벌써 대문 앞에 서 있다.
이 해도 거의 기울어가는 계절 가을에.

친구의 죽음을 조상하고 나오면서

아직 성가(成家)도 못 시킨 철부지 자녀를 두고
노모 앞서 간 친구를 안타까워하며
소주 두어 잔에 얼얼하여 나오면서
옆의 친구에게 하는 말
① "건강하세나."
② "자네도."
속말 ② '죽은 사람도 있어. 그가 들으면 섭섭해 할 걸.'
① '먼저 간 저 친구, 저승에서나 건강하게 살라지.'
② '저승에는 아픈 사람 없으려나?
거기도 사람의 영혼이 머무는 곳이라고 하던데.'
① "문상하러 와서 살아 있는 우리 건강 걱정하는 것은
먼저 간 친구에게 도리가 아니지?"
② "그렇다고 같은 병으로
함께 죽자는 것도 우정은 아니지?"
모지락스러운 말이지만
간 사람은 갔고
산 사람은 살아야지
건강하게 오래 살아야지.
① 그래도 소리 내어 말로 하면 안 되네

② 야속한 건 사람의 마음이고
세상의 인심이지
①,② 죽은 사람의 저승길과 산 사람의 이승길이
달라도 아주 다른 걸 어쩌나.

'팔 · 손'과 '다리 · 발'의 싸움

만 리도 더 되는
긴 도보여행을 나섰습니다.
해는 빛나고 바람은 시원했습니다.
머리는 온갖 호사를 다한다고 호들갑을 떨고
발길은 가볍기 깃털 같았습니다.

걷고 또 걸었습니다.
다리와 발이 야단이 났습니다.
머리는 참아라 참아라 하면서
표정을 감춥니다.

다리와 발의 사보타주(sabotage)를 못 이겨
팔과 손으로 걷고자 하였습니다.
물구나무서기를 하였습니다.
한 뼘을 떼기는커니와
서 있을 수도 없어서
길가 나무에 발뒤축을 기대니
온몸의 가지가 축 처졌습니다.

지구의 무게가 하늘보다 무겁게
선병질(腺病質)의 팔과 손으로 쏠렸습니다.
경동맥(頸動脈)이 핏대를 세우고
이런 법이 어디 있느냐고
머리도 한 통속이 되어 아우성입니다.

다리와 발은 말했습니다.
예전에는 우리도
네 다리와 발로 걸었잖아요?
우리도 그렇게 합시다.
우리가 새ㄴ가요?

다리와 발은 팔과 손에게 재촉했습니다.
어서 걷자고 곤댓짓으로
가던 길을 계속 가자고
깔깔거리면서 야단법석이었습니다.

실버(silver) 시대

'보너스'(bonus)는 '좋은'(good) 것이라고요?
'하느님의 특별한 은사'(恩賜)라고 해요
먼 곳에서의 메아리만으로도
이렇게 흐뭇한 하루인 것을
어떻게 불러야 옳은가요?

초콜릿을 사들기에는 간지럽고
군밤 봉지를 안고 걷기에도 열적어
친절한 초가을 맑은 햇살만을 투정한다.
쿵쿵 다가와 달려가는 청춘들을 질투하며
우리도 하이틴을 닮아보자 하다 웃는다.

이름 없는 풀도 없다고 했어요.
빛깔도 형상도 없는 그리움 당신을
나는 어떻게 불러야 하지요?
'이름'은 '실상'(實相)이 아니라고 했던가요?
그저 '좋은'(bonus) 사람이라고만 부르지요.

왜 사니

먹으려고 산다
왜 먹으려고 하니?
살려고 먹는다
왜 살려고 하니?
너는?

아이 어지럽다
그저 사는 거지 뭐
살아가는 거지 뭐
살면서 먹으면서
먹으면서 살면서.

스카이 워크(Sky Walk)*

하늘 다리는
바닷가 소나무들과
키 자랑을 하고
소나무들은
저 멀리 장항제련소
색동옷 굴뚝과
몸매 자랑을 하고 있는데
밀물은 달려와
하이얀 이 드러내어
찰찰찰 할할할
웃고 있었다.

* 스카이 워크(Sky Walk) : 충남 서천군 장항읍 송림리 바닷가에 있다. 키큰 소나무 우거진 사이에 있는 철판으로 만들어진 고가다리.

혜안(慧眼)

적을 동지(同志)로 사는 자는
사초(史草) 속에서도
불쌍한 중생이다.

동지를 적으로 사는 자는
먼 미래에도
부끄럽고 슬픈 중생이다.

어느 날에나
너 미몽(迷夢)을 깰 것인가?

나는

내가 너를 좋아하면
너도 나를 좋아하는 줄로 안다.
어리석게도.

내가 너를 믿으면
너도 나를 믿는 줄로 안다.
정말로.

신뢰

따뜻한 겨울은
믿을 수 없는 연인.

추운 봄은 차라리
희망의 계절.
늦추위가 김칫독을 깨도 좋다.

나의 고백

당신께서 나를 어떻게 생각하시는지
나는 잘 모릅니다
만
나는 당신들께서 생각하시는 만큼
좋은 사람도
나쁜 사람도 아닙니다.

어떤 때 나는
내가 참 좋은 사람이라는
생각을 살짝 몰래하기도 합니다
사람들은
그렇게 생각하지는 않는 듯합니다.

어떤 때 나는
내가 참 나쁜 사람이라는
생각을 몰래 살짝하기도 합니다.
사람들은
그렇게는 생각하지 않는 듯합니다.

죄송스럽지만
나는 당신들께서 생각하시는 만큼
좋은 사람도
나쁜 사람도 아닙니다.

독서를 하는 이유

이 나이에도 책을 읽는 이유는
수양을 위해서?
절에 가서 선(禪)을 하지.
지식을 얻기 위해서?
백과사전을 펴지.
제세안민(濟世安民)을 위해서?
정치를 하지.
샌님은 못 하는 거야.
돈을 벌기 위해서?
시장에 가서 좌판(坐板)을 벌이지.
장사는 아무나 하나.
지혜를 얻기 위해서?
공부의 풀싹 지식은
창백한 오만이나 키우고
가진 지혜마저 질식시키는 걸?
지식을 얻어서
지혜를 얻어서는?
책을 보는 거지.

독서에 몰두하고 있다는 것은
꼭 해야 할 일을 하지 않고 있다는 증거*라고?
꼭 해야 할 일을 찾으려면
하기 싫은 일을 하라고?
그래서
하기 싫은 독서를 하면?

* 파스칼의 『팡세』에 나오는 말.

가짜미끼 낚시는 안돼요

여기는 삼국지연의(三國志演義)다
생계형 속임은 죄가 아니다.
주군을 도와 창생(蒼生)을 구하고
천하를 도모하려는 휼계(譎計)는
공명의 충성어린 쾌심사(快心事)다
제 꾀에 속은 간웅(奸雄)의
화용도(華容道)에서의 곤욕(困辱)은
천하 사람들의 깨소금이었다.

신선놀음에
가짜 미끼는 죄악이란 말이오
조사(釣士) 조옹(釣翁) 당신들께는
배부른 오락이지만
물속 어두운 곳의 우리 중생에게는
죽고 사는 문제란 말이오.
하찮히 여겨서 슬픈 우리 고기의 목숨도
당신들처럼 하늘이 주신 거란 말이오.
천지신명(天地神明)이 살피고 있단 말이오.

주린 배의 아우성을 못 이겨
몇 번이고 망설임의 그네만 뛰다가
굶어 죽으나 잡혀 죽으나…… 하면서
덥석 물었다 물었다.

아아아아 아야아야
천지가 뒤집히는 경악과 고통
그 향기로워 보이던 보시(布施)가
차디찬 배신(背信)의 쇠붙이였다니.
오늘 잔칫날 잡을 돼지도
아침밥은 든든히 먹인다고 했는데
죽여도 먹이고나 죽일 일이지
먹고 죽은 귀신은
때깔도 좋다고 했는데.

물속 어두운 곳의 어두운 우리 중생이
죽으면서도 한을 품게 해서야 되겠는가
하늘에 죄를 지으면
빌 곳도 없다 했는데.
밝은 세상에서 공것이라고는

덫에 꿰인 명태 머리라 했으니
이제 누구를 원망하랴.

배부른 당신들이 일러 미끼
물속 어리석은 우리 중생이 일러
달디 단 죽음의 보시는
진품으로 하셔야 해요
죽음을 담보로 한 현상(懸賞)의 당첨(當籤)을
속임으로는 메꿀 수는 없잖아요
죽어서도 우리 고기들은
당신들의 황천길을 막을 거여요.

예쁘지 아니하면 허영이나 버리든지
어리석으면 허욕(虛慾)이나 부리지 말지
우리의 흉한 마음이
죽음의 벌을 받게 됨이야
늦게 알았음만 한할 뿐,
만물의 영장이란 당신들을
원망해서야 되겠어요
원망할 수나 있겠어요?

소망(所望)

등잔불도 꺼진
칠흑 같은 밤 방안
아무것 안 보여도
청의 아버지는
눈을 더 크게 끔뻑거리고 있었다.
청이를 어서 보고 싶어서였다.

대명천지(大明天地)에서도
눈 밝은 것들의 감은 눈에는
보이는 것이 없는 법
없는 것이 보이는 법
배부른 죽음 같은
달콤한 졸음만 다가오는 법.

학규 옹은 서둘고 있었다
지팡이는 어디 갔느냐
짚신이야 안 신은들 대수냐
동구까지는 나가보아야지
이인(異人)도 눈으로 들을 수는 없고
귀로 볼 수는 없다고 하였다.

일제 강점기에 나 태어나 살았더라면

겁 많은 사람
행동보다는 생각이 많은 사람
속이 부글부글 끓어도
말을 못하고 살을 태우는 사람
나는 어떤 사람으로 일제를 살았을까?

할아버지 대에도 가난했고
아버지 대에도 가난한 데다
일찍 개명(開明)도 아니하여
일본 유학은커녕
서당에도 다니지 못했을 게다.

배우지 못한 죄로
남의 나라 사람한테
매여 살고
눌려 지내고 있음도 몰랐을 게다.

해방 바로 후 어린 나는 들었다*
동네 어른들의 귓속말

사바사바가 없기는
그 때가 훨씬 나았어.

일제 강점기에 태어나
나 살았더라면
강 건너와서 지금
잘난 척하는 사람들한테
욕먹는 사람들보다
더 못난 사람 나쁜 사람
바보로 살았을 게다.

* 나는 1940년에 출생했다.

산다는 것은

죽을 병에 걸린 사람이라도
그것은
하루 이틀 사는 것은 아니고
팔팔한 사람이라도
몇 백 년 사는 것은 아니다.

생각해 보면
누군들 시한부 생명 아닌가
무병장수를 자랑하는 이도
몇 백 년 사는 것은 아니다.

산다는 것은
뾰쭉한 사람들의 말처럼
잠깐도 아니고
영원도 아니다.

죽기 전은 살아야 하고
죽은 후에도
신세질 일은 많다.
제 몸을 제가 챙겨 묻을 수도 없어
산 사람의 어깨를 무겁게 한다.

■ 발문

인본(人本)의 결기와 서정의 순수(純粹)

— 강헌규 7시집 『풀의 함성』 감상기 —

리 헌 석(시인, 문학평론가)

사단법인 문학사랑협의회 이사장

1.

일제 강점기의 고통을 거쳐 해방을 맞았지만, 우리 사회는 좌익과 우익으로 갈라져 혼란스러웠던 것 같습니다. 엎친 데 덮치는 격이었을까, 6.25 남침 전쟁으로 겨레의 삶은 더욱 고단하고 아팠던가 봅니다. 어느 정도 혼란이 정리되자 6.25 전쟁으로 허물어진 나라의 백성들에게 '잘 살 수 있다'는 희망을 주던 시기, 그러면서도 독재에 항거하는 시위가 빈번하던 1972년에 강헌규 시인을 지도교수로 모셨습니다.

대학 구내에 탱크가 들어와 있었고, 휴교가 일상이던 때였습니다. 잠시 닫혔던 교문이 열리고 강의가 이루어지면, 선생님께서는 단 한 번도 휴강을 하지 않는 분이셨습니다. 조용하고 단정한 자세로 강의하는 어학과 문학, 여기에 미래의 삶을 긍정적으로 개척하라는 말씀이 아직도 생생합니다. 〈주어진 자리에서 최선을 다하세요, 그러면서 새로움에 도전하고 연찬하세요.〉라는 말씀이 아직도 뜨거운 울림으로 남아 있습니다.

국어학을 전공하시고 어학 강의를 하시는 선생님께서는 의외로 문학작품집을 여러 권 발간하셨습니다. 1수필집 『날 수 있는 사람들』(1994), 1시집 『행복한 소크라테스고 싶어라』(1994), 2시집 『물 위에 쓴 이름』(1995), 3시집 『조용한 복을 빌면서』(2002), 4시집 『매월당 엄홍도가 그리워』(2005), 5시집 『칸나의 꿈』(2007), 6시집 『첫눈』(2009)을 발간하여 지역 문단 및 한국문학의 발전에 이바지하셨습니다.

그 후 몇 년간 창작한 작품으로 2017년에 7시집 『풀의 함성』을 발간하십니다. 선생님의 작품을 일반 독자보다 좀 먼저 읽고 감상문을 시집 말미에 얹기로 하였습니다. 선생님의 사상과 정서를 정밀하게 탐색하는 것이 도리일 터이나, 몇몇 작품에 대한 감상으로 대신하려고 합니다. 구우일모(九牛一毛)의 격이 되겠지만, 부족한 부분은 존경하는 마음으로 메꾸려고 합니다.

2.

공주교육대학교 2학년 국어수업 시간이었습니다. 학교 바로 뒤 일락산(日落山) 봉우리에 올라 야외 수업을 하였습니다. 산기슭을 오르며 선생님께서 하시는 말씀은 곧 시였습니다. 그래서 저는 2000년에 발간한 선생님의 회갑기념 논문집 축시에 그 말씀을 옮겼습니다. 〈"솔바람은 싱그러워요./ 푸른 냄새가 나요."// 깜짝 놀라 바라본/ 선생님 지순한 화두가/ 갈매빛 전설을 빚어/ 세월을 깁습니다.〉라고 회상하였습니다.

자연을 통해 정서적 깨달음을 확인시키는 작품은 그 섬세한 차이에 대한 의문에서 비롯되는가 봅니다.

낙엽은
떨어진 잎인가,
떨어질 잎인가,
떨어지는 잎인가,
모두 곱디곱다.
아름답다.

—「꽃과 낙엽」 일부

일견하면 언롱(言弄)을 통한 문학적 구체화로도 보이지만, 일상에서 구분 없이 사용하고 있는 낙엽(落葉)의 의미에 대한 시인의 깊은 사색을 담아낸 작품입니다. 명징하게 구분하지 않고 사용하는 언어에 대한 의미, 그 미묘한 차이에 대하여 시인은 직관과 사색을 통하여 의문을 도출합니다. 나무에서 떨어질 잎은 아직 낙엽이 아닐 터이고, 떨어지는 잎이나 떨어진 잎은 낙엽의 부분집합일 터이지만, 시인은 이러한 차이 그 자체에 의미를 두는 것이 아니라, '모두 곱디고와 아름답다'는 정서적 합일로 수용합니다.

시인은 여러 작물을 가꾸는 밭농사를 짓는 것 같습니다. 농사에서 가장 힘든 일이 잡초를 제거하는 일이고, 이러한 작업을 하면서, 한편으로는 잡초의 입장에서 역지사지(易地思之)의 정서를 환기합니다.

당신이야
내 밭에 우리들 풀이 났다고 우겨대겠지만
밝고 맑은 하늘과 땅 사이의
태곳적 우리 들(野)에선
당신이 잡초였음을 모르시는가.

당신의 그 고집으로
베려면 베라지, 잘려 드리지요.
낫을 놓기도 전에
땀을 닦기도 전에
또 자라 올라오면 되지요.

당신은 곡식 · 채소 · 화초만 챙기시다가.
우리는 이름도 잊어서 싸잡아 잡초
던져진 삶.
쇠심줄보다 질긴 우리의 명을
당신의 목숨처럼 사랑하지요.

발본색원(拔本塞源), 뽑으려면 뽑으라지,
뿌리 채 뽑혀 드리지요.
또 옆자리에서 기지개 켜며 올라오면 되지.
장마 뒤에 보시라지요.
'풀씨는 천 년, 벌레 알은 만 년'임을 모르시나요.

―「풀의 함성(喊聲)」 일부

우리는 곡식, 채소, 화초 등을 필요에 의해 심고 가꾸며 이 생명체만을 귀하게 여깁니다. 이들 외에는 뭉뚱그려 '잡초'라고 부르며 자르거나 뿌리까지 뽑습니다. 때로는 제초제를 뿌리거나 헌 플래카드 등으로 지면(地面)을 덮어 질식시키기도 합니다. 풀(잡초)의 이러한 상황은 시인의 입을 통하여 '생명의 본질'에 접근하게 됩니다. 〈당신들은 풀과의 전쟁이라고/ 사치스럽게 호들갑을 떨지만/ 우리는 단지 천지자연이 준/ 우리 몫의 목숨을 챙기려는 것뿐/ 당신들을 해코지하려 함이 아니라오.〉라는 진술을 통하여 풀이 살아야 할 권리를 주장합니다.

이처럼 버려지고, 소외되어 있는 삶에 대한 연민과 긍휼을 작품에 담아낼 만큼 강헌규 시인의 내면은 근원적 생명사상과 닿아 있습니다.

3.

강헌규 선생님께서는 인본(人本)을 삶의 소중한 가치로 인식하는 분이셨습니다. 가르침의 중간중간에 하신 말씀 중에 한 어절을 회갑 기념 축시에 담아냈습니다. 〈"세상이 험하다고/ 우리까지 험해서는 안 되지요."// 어두운 시대에/ 오히려 순수를 지향하는/선생님 깨끗한 용기가/ 다시 손사래〉를 치고 있는 상황을 저는 기억해냈습니다. 〈세상이 험하다고/ 우리까지 험해서는 안 되지요.〉라는 가르침은 사람으로서 지켜야 할 금도(襟度)라고 믿습니다.

1970년대 당시는 참으로 험하였습니다. 목소리가 큰 사람들이 정도인 것 같았고, 힘이 있는 사람들이 정의인 것 같았습니다. 시대 상황이 그렇다고 해도, 우리는 그들처럼 살지 말아야 함을 잠언처럼 제시하셨습니다. 우리라도 인간의 본성을 지키며 살아야 한다고 강조하셨습니다.

그렇게 목 놓아 운다고
세상이 꿈쩍이나 하더냐
어디.

5년, 10년, 15년
구천(九泉) 가까운 곳에서의
설웠던 네 유폐(幽閉)를 누가 알겠느냐.

명심보감이 아니라도
네가 웃으면 세상이 모두 웃고
네가 울면 너만 운단다.

너도 알기는 아는가?
왜우우 왜우우
하는 걸 보면?

— 「매미에게」 전문

사실 우리 몇몇이 인간의 본성을 지키며 살아간다고 해도, 이 세상이 더 좋아질 거라고 확신할 수는 없습니다. 시인은 매미가 〈그렇게 목 놓아 운다고/ 세상이 꿈쩍이나 하더냐〉며 '서러운 세월'을 정직하게 보상받을 수 없음을 밝히기도 합니다. 그러나 시인은 '서러운 사람들'의 대유체(代喩體)인 매미에게 긍정하기를 권합니다. 유폐된 세월이 서러워 〈네가 울면 너만〉 우는 것임을 깨우칩니다. 동시에 〈네가 웃으면 세상이 모두 웃〉는다고 긍정적 세계관을 제시합니다. 즉 세상이 다 험해도, 우리는 웃으며 살아갈 것을 정서적으로 강조한 작품입니다.

이러한 깨달음은 사소한 직관에서 비롯되기도 합니다. 이는 시적 주체에 따라 자연스럽게 얻어지는 것이지만, 그 깨달음을 스스로 찾아내어 작품화하는 것이 중요합니다.

연만(年滿)하신 어머니께
지팡이를 만들어 드리겠다고 했네.
불초(不肖)도 자식을 키워 보아
이제는 철이 든 양하여서였네.

어머니의 말씀
"아들은 어미에게
지팡이를 해 주는 것이 아니라네.
이 사람아, 아들 자네가 바로 내 지팡이라네."

나는 속으로 펑펑 울었다.
머리에 서리가 허옇게 내려서도
이제까지 지팡이도 못 되어 드린
불효가 죄만(罪萬)스러워서였네.

어머니 산으로 모시는 날에
야속한 해로가(薤露歌) 뒤를 따라
오동나무 지팡이는 내가 짚고
효도를 내세워 구복(口腹)을 좇았네.

— 「불효(不孝) 지팡이」 전문

신체가 쇠하신 어머니를 위해 지팡이를 마련해 드리는 것은 당연한 일이며, 그것이 효도의 첫걸음일 수 있습니다. 그러나 시인은 어머니의 말씀을 듣고 새로운 깨달음에 이릅니다. 그리하여 〈나는 속으로 펑펑 울었다.〉고 고백합니다. 이와 같은 깨달음에 의해 빚어진 작품은 수많은 독자들과 감동을 공유할 것이고, 이를 바탕으로 인본(人本)은 더 밝아질 것이며, 세상은 더 환해질 것입니다.

깨달음은 몇몇 양상으로 나타나기도 합니다. 꾸준히 수양하여 점차 깨달음에 이르는 점오점수(漸悟漸修), 꾸준히 수양하다가 어떤 경지에 이르러 순간에 깨닫는 돈오점수(頓悟漸修), 순식간에 수양과 깨달음이 이루어지는 돈오돈수(頓悟頓修), 그리고 순간적인 계기에 발심하여 서서히 깨달음에 이르는 점오돈수(漸悟頓修) 등입니다. 세상은 무엇 하나 거저 되는 게 없습니다. 이 작품은 '돈오돈수'의 시적 형상화로 보아도 좋습니다.

4.

강헌규 선생님께서는 우리 말글에 대한 사랑을 역설하셨습니다. 그 영향으로 선생님의 회갑 축시에서 저는 이렇게 헌사(獻詞)하였습니다. 〈"우리 말 우리 글은/ 가장 아름다운 언어예요."// 선생님의 두 눈에 타오르는/ 여명의 별빛/ 나랏말 사랑의 촛불 아래에서/ 다시금 옷깃〉을 여민다고 썼습니다.

우리 말글에 대한 사랑이 아전인수(我田引水)만은 아닙니다. 문자가 없는 몇몇 나라에서는 우리 한글을 자기들의 말을 적는 문자로 채택하여 생활의 편리함을 구하고 있습니다.

우리 말글에 대한 사랑은 시인의 시와 수필에서 밝게 빛나고 있습니다. 의미를 분명하게 하기 위하여 한자어를 사용하기도 하지만, 우리 말글을 활용하여 아름다운 서정시를 빚습니다. 때로는 희수(喜壽)를 넘기면서 그리움이 더 깊어진 작품을 창작하기도 합니다.

이 나이쯤이면 그리움은
모내기철 가뭄에
저수지 물 빠지듯
사라질 줄 알았네.

지금 정말로
하고 싶은 말을
하고 싶은 사람은
말할 수 없는 거리에 있네.

이를 어쩌지
그를 빼고는
아무에게도
말할 수 없으니.

— 「불혹 지천명 이순 종심 다 지나고도」 전문

간결한 형태에 깊은 속내를 그려낸 작품입니다. 연만해지면 마음에 똬리를 틀고 있던 그리움도 〈모내기철 가뭄에/ 저수지 물 빠지듯〉 사라질 줄 알았다는 표현은 시인만의 특별한 체험이 바탕입니다. 그 대상은 아버지, 어머니 등 존경하는 분들일 수도 있지만, 〈그를 빼고는/ 아무에게도/ 말할 수 없〉다는 데에 이르러 이루지 못한 사랑의 객체로 보입니다. 그러나 그리운 그 사람은 〈말할 수 없는 거리〉에 있어, 천년만년 그리움으로만 애상할 것 같습니다. 이와 같은 그리움의 형상화는 여러 독자들과 동질적 공감대를 형성하게 마련입니다.

드물게 이러한 시각은 성적(性的) 감각으로까지 작품에 담겨집니다. 그러나 부제 '미술과 조소실에서'를 통하여 부박성(浮薄性)을 벗어나게 됩니다.

신은
사랑하는 사이에만 허락하셨을까?
만작만작 만지작만지작.
'만들다' · '만지다'
너에게서 나는
갈망의 눈빛을 본다.
사랑하는 사람 사이의 숨결을 본다.
절망을 보다가 슬픔을 본다.

신은 사람을 만들면서 만지면서
참으로 즐거우셨을 게다.
사람은 점지해 주신 걸
그저 받으려고
들락날락거리기만 하면서도
가슴은 쿵쾅쿵쾅
숨어서 뛰는 것을 보면.

—「'만들다' · '만지다' 찬가」 일부

작품의 끝부분인데, 바로 앞부분에서 시인은 다음과 같은 상황을 설정합니다. 〈만작만작 만지작만지작/ 만들었을까 만져 보았을까 신은?/ 사람의 볼을, 손목을, 젖무덤을, 불두덩을,/ 뼈마디, 힘살, 오장(五臟), 육부(六腑)를,/ 그보다 깊이깊이 어디에 있었을/ 사람의 마음, 오욕(五慾)과 칠정(七情)을/ 그리고, 그리고〉. 아름다운 조각 작품을 감상하면서 이와 같은 감각성을 부여한 것은 오랜 기간 연마한 시 창작의 내공이 정서적으로 발현된 것입니다.

이러한 정서는 같은 즉물시 계열의 「꽃이여」에도 잘 나타나 있습니다. 〈너를 어떻게 부르지?/ 너를 좋아하는 내겐/ 벅찬 이가 너무 많아서가 아니다./ 네가 하도 예뻐서/ 네 가까이만 가면/ 나는 절망한다.〉고 노래합니다. 시적 대상인 '네'가 하도 예뻐서 절망한다는 역설적 절창을 빚어냅니다.

5.

강헌규 선생님께서는 제자들에 대한 사랑이 남다르셨습니다. 서두에서 밝혀드린 것처럼 〈주어진 자리에서 최선을 다하세요, 그러면서 새로움에 도전하고 연찬하세요.〉라는 말씀은 귀에 익습니다. 초등학교 교사 발령을 기다리는 저에게 선생님은 〈부임하면 어린이를 잘 가르쳐야 하지만, 시간이 날 때마다 자신을 위해 노력하세요.〉 제자들에게도 '해라'를 하지 않고 반존대로 하신 당부가 40여 년이 지나도 잊을 수 없는 화두로 남아 있습니다.

그리하여 국어를 열심히 공부하여 중등학교 국어과 준교사 자격도 획득하였습니다. 야간대학도 다녔으며, 문학 공부도 게을리 하지 않았으니, 아주 작은 성취동기가 바로 선생님 말씀이셨습니다. 〈"공부란 때가 없어요./ 쉼없이 공부를 해야 해요."/ 누리를 채우고도 남는/ 잔잔한 미소/ 선생님 가슴 가슴에/ 메아리지는 사랑/ 그 끝없는 울림을 봅니다.〉라고 선생님 회갑 논문집 축시에 고마운 마음을 조금 담기도 하였습니다.

내가 너를 좋아하면
너도 나를 좋아하는 줄로 안다.
어리석게도.

내가 너를 믿으면
너도 나를 믿는 줄로 안다.
정말로.

— 「나는」 전문

선생님께서 〈내가 너를 좋아한다.〉라고 말씀하시면, 그 말씀은 진심일 터입니다. 그 말씀을 들은 사람도 선생님을 좋아할 것입니다. 따라서 뒤에 붙은 꼬리 〈어리석게도〉는 빼어도 좋을 것 같습니다. 선생님께서 〈내가 너를 믿는다.〉라고 말씀하시면, 그 말씀도 진심일 터입니다. 그 말씀을 들은 사람은 물론, 듣지 않은 사람도 선생님을 믿을 것입니다. 따라서 뒤에 붙은 꼬리 〈정말로〉는 그대로 수용하셔도 좋을 것 같습니다.

존경하는 은사님의 시집에 사족(蛇足)을 그려 넣으면서 참으로 송구한 마음입니다. 그러나 부족한 것은 부족한 대로 그 의미가 있다는 생각을 믿어보려고 합니다. 이 의미는 순수를 지향하는 선생님과 저를 비롯한 많은 독자들이 함께 나누는 감동이기를 소망합니다. 앞으로 선생님께서 빚으실 시와 수필을 다시금 기대하는 소이연(所以然)이기도 합니다.

혹여 간과(看過)한 작품은 독자들께서 찾아 읽으시기를 간망하며, 선생님 시집 감상의 여로를 접습니다. 선생님, 연년 익수(年年益壽) 다복하시기를 빌며, 7시집 발간을 진심으로 축하드립니다.

풀의 함성

강헌규 시집

발 행 일 | 2017년 3월 15일
지 은 이 | 강헌규
발 행 인 | 李憲錫
발 행 처 | 오늘의문학사
출판등록 | 제55호(1993년 6월 23일)
주 소 | 대전광역시 동구 대전로867번길 52(한밭오피스텔 401호)
전화번호 | (042)624-2980
팩시밀리 | (042)628-2983
전자우편 | hs2980@hanmail.net
카 페 | cafe.daum.net/gljang(문학사랑 글짱들)

공 급 처 | 한국출판협동조합
주문전화 | (070)7119-1752
팩시밀리 | (031)944-8234~6

ISBN 978-89-5669-805-2
값 9,000원